毎日かんたん！

相葉マナブの365日野菜レシピ

books by bunkakobo

はじめに

「相葉マナブ」でいろいろなことを学んできた10年間。
農家さんの苦労や、どういったこだわりで育てているのか。
知ってから食べると、よりその食材のおいしさが伝わる——
そういったことを肌で感じた10年間でした。

「相葉マナブ」のレシピ本は以前から作りたいと思っていました。
今までのレシピはホームページに全部出ているんですけど、
やっぱり形として残っているとうれしいな、と。
この本は、僕ら出演者・スタッフを含め、
みんなが学んできた10年間の結晶なんです。

この本が生活のスパイスになって、読者の方が読んでいるだけで
「よし、次これを作ってみよう！」ってテンションが上がって、
食卓での時間がさらに豊かになってもらえたらうれしいです。

相葉雅紀

Aiba Manabu

Contents

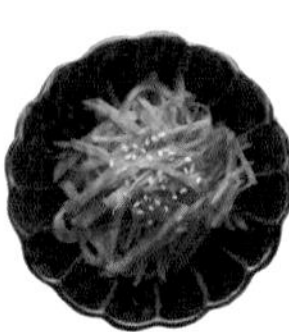

旬の産地ごはん **秋**

旬の産地ごはん **冬**

旬を味わう
アレンジ フルーツレシピ

BOOK in BOOK
釜-1 グランプリ THE BEST

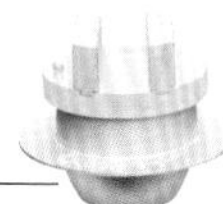

※掲載しているレシピは、書籍化にあたり番組放送時とは一部変更しています。
※レシピに掲載している作業目安は、調理の作業工程の時間を指しています（調理にかかるすべての時間を指すものではありません）。

3人で作る、

ごちそう旬ごはん

番組でさまざまな「学び」を重ねていく中で、
絆を深めてきた相葉くん、小峠くん、澤部くんの3人。
番組10周年を記念して、お互いに得意料理を作っておもてなし会を開催しました！
果たしてそのお味は……？

相葉：麻婆あん、とろみが出てきていい感じじゃないかな。これを、揚げた鯛にかけていきま～す。
澤部：うぉ～。うまそう!!
小峠：これ、うまそうだね。
相葉：完成!!
相葉・小峠・澤部：いただきまーす。
小峠：うまい。
澤部：これはうまい。鯛がふわふわだよ。

相葉：澤部の作ったガーリックライスは、思い出の料理なんだよね。
澤部：ほうれん草と豚バラのガーリックライスね。一人暮らしのとき、めちゃくちゃ作ってました。誰がやってもうまくできるやつ。
相葉：バター入れるとおいしいよね。
小峠：いいね。

相葉：次、アヒージョいきますか。うわ、うっま!! いろんなうまみが出てる。これ何のチーズ？
小峠：カマンベールだよ。
澤部：チーズがめちゃくちゃうまい！ 野菜の彩りもいい感じだけど、最初から野菜の配置は決めてたんすか？
小峠：作りながら考えて配置してたよ。
相葉：アドリブで？
小峠：もちろんアドリブで。この配置考えてくるの、ダサすぎるだろ!!

アヒージョは
バゲットと
最高に合う！

ガーリックライス、
バターが効いてる！

Aiba Manabu
サクふわの真鯛と
ピリ辛麻婆が相性抜群！

材料（3～4人分）

真鯛…1尾
（切り身であれば4切）
塩…少々
こしょう…少々
片栗粉…大さじ2
豚ひき肉…50g
長ネギ…20g

しょうが…1/2片
にんにく…1/2片
豆板醤…小さじ1/2
甜麺醤…小さじ1
鶏がらスープ…120mℓ
しょうゆ…小さじ1/2
サラダ油…小さじ2

A
片栗粉…大さじ1/2
水…大さじ1/2
揚げ油

下準備
・水溶き片栗粉（A）を作っておく。

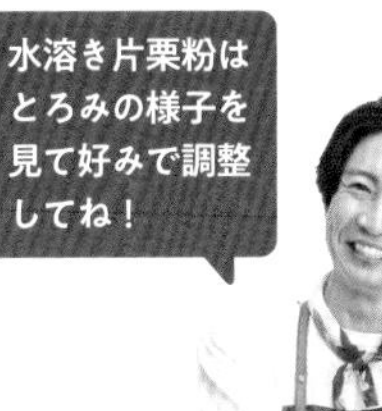

相葉
Recommend

真鯛の麻婆あんかけ

作り方

長ネギ、しょうが、にんにくをみじん切りにする。長ネギの青い部分があれば飾り用に取っておく。

真鯛は三枚おろしにしてひと口大に切り分ける。塩、こしょうで下味をつけて片栗粉をまぶし、170℃の油で揚げる。

中華鍋にサラダ油を熱し、にんにく、しょうがを炒め、豚ひき肉を入れて火を通す。

豆板醤、甜麺醤を入れて炒め、鶏がらスープ、しょうゆを加えて煮立たせる。長ネギを加え、Aでとろみをつけたら皿に盛り付けた2にかける。

三枚おろし

START!
とれたてを捌いてくよ！

背骨に沿って
慎重に……
片身はこれでOK！

できましたー！

トロットロチーズに
野菜をディップ！

小峠
Recommend

彩り野菜とチーズのフォンデュアヒージョ

材料（2人分）

カマンベールチーズ … 1個
じゃがいも … 小1個
ブロッコリー … 4房
ミニトマト … 4個
ウインナー … 2本
にんにく … 1片
塩 … 少々
オリーブオイル … 120～150g
パセリ … 適宜
好みのパン … 適量

下準備
- じゃがいもは皮をむいて4等分にする。
- ミニトマトはヘタを取っておく。
- にんにくは皮をむいて芯を取っておく。
- パセリはみじん切りにして水にさらし、しっかりと水気を絞っておく。

作り方

1 じゃがいもを耐熱容器に入れてラップをし、電子レンジで加熱する（500W2分）。

2 にんにくは叩いて潰す。ウインナーは半分に切る。カマンベールチーズは十字に切り込みを入れておく。

3 スキレットにじゃがいも、ブロッコリー、にんにく、塩、オリーブオイルを入れて中火にかける。

4 じゃがいもが薄く色づいてきたら、カマンベールチーズ、ミニトマト、ウインナーを入れて1～2分加熱する。

5 火からおろし、カマンベールチーズの上部をはがしてパセリを振る。好みのパンを添えて完成。

パンをオイルに浸しながら食べるのもおすすめ！

にんにくの香りが
食欲をそそる！

澤部
Recommend

ほうれん草と豚バラ肉のガーリックライス

材料（2人分）

ごはん … 300g
ほうれん草 … 3株
豚バラ肉 … 100g
にんにく … 2片
バター … 20g
しょうゆ … 大さじ1と1/2
塩 … 少々
粗びきこしょう … 少々

下準備
・にんにくは皮をむいて芯を取っておく。

作り方

1 ほうれん草は洗ってざく切りにする。豚バラ肉は食べやすい大きさに、にんにくはみじん切りにする。

2 フライパンにバターを溶かし、にんにくを入れる。

3 にんにくの香りが立ってきたら豚バラ肉を入れ、色が変わってきたらほうれん草も加えて炒める。

4 ほうれん草がしんなりしたらしょうゆ大さじ1を入れて全体をさっと合わせ、ごはんを加える。

5 全体がなじむまで炒め合わせ、しょうゆ大さじ1/2、塩、粗びきこしょうで味を調える。

最初のしょうゆで先に具材にきちんと味をつけるのがポイント！

相葉マナブとある日の収録風景をのぞき見！

毎週の放送でいろいろな挑戦を続ける
「相葉マナブ」も番組放送10周年。
相葉くんが現場をひっぱる姿、
なごやかな雰囲気で収録に臨む姿をキャッチ！

どんなときもその場を「マナブ＆楽しむ」〝マナブ〟メンバー

収穫

収穫を通して農家さんからしっかり学ぶ！

千葉は
落花生の収穫量
日本一です！

地元千葉の
情報に詳しい！

「どうして落花生って言うんだっけ？」「落ちる花から生まれる実で"落花生"だったね」と過去の学びを思い出しながらこの日は旬の産地ごはん・落花生の回を収録。

調理

視聴者投稿紹介やフリートークで和気あいあいの現場

落花生を春巻きの皮に並べる？

“キッチンタイマーボーイ”の投稿いただきました！

いい色になってきた！

落花生の春巻きスティック いただきます！

相葉マナブの収録は、3人の脱力トークも魅力

相葉くんの「はいできた！完成～♪」とメンバーの「おいしい！」の声が響く現場。視聴者さんからの投稿や質問から生まれるメンバーのほんわかトークも人気。

Goods

相葉マナブのユニフォームには、知られざるこだわりが！

マグカップ
番組の陰のマストアイテム!? 3人おそろいの専用マグは休憩時間に活躍

長袖シャツ
差し色の赤が映えるかわいい刺繍ロゴもポイント

バンダナ
スタイリストさんがシャツのロゴに合わせてセレクト！

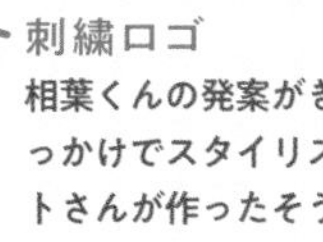

刺繍ロゴ
相葉くんの発案がきっかけでスタイリストさんが作ったそう

僕らはネイビー×白ロゴバージョンを着てます！

エプロン
相葉くんバージョンはレザーの肩紐がオシャレな特製エプロン！

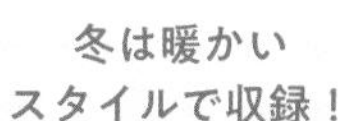

冬は暖かいスタイルで収録！

季節やシチュエーションもさまざまな相葉マナブの収録は衣装もバリエーション豊か！ジャケットやTシャツ、前掛けなどなど……メンバーの衣装を見るのも楽しい！

旬の産地ごはん 春

春野菜の特徴は甘くて苦いこと。甘くなるのは、
冬の寒さから身を守るため細胞の「糖度」が増すからです。
苦くなるのは、春になり温かくなると虫が発生するため
苦み成分アルカロイドを出して害虫から身を守るから。
菜の花やセロリは、苦みがおいしい春野菜の代表です。
「甘い春」と「苦い春」、あなたはどっちが好きですか？

Spring | キャベツ

春キャベツのミルフィーユ揚げ

作業目安 **10**分

材料（4個分）

春キャベツ … 1/4 玉
豚バラ肉 … 8 枚
塩 … 少々
粗びきこしょう … 少々
A
小麦粉 … 120g
卵 … 1 個
水 … 200mℓ
パン粉…適量
揚げ油

作り方

1. 春キャベツは芯の固い部分を切り落とし、十字に切って4等分にする。
2. 豚バラ肉2枚に塩、粗びきこしょうを振りキャベツ1個分に巻きつける。残りも同様に巻く。
3. Aを合わせたバッター液、パン粉の順につけ、180℃の油で薄いきつね色になるまで揚げる。

PLAY BACK!

旬の産地ごはん ～横浜キャベツ～ #396

神奈川県横浜市で「横浜キャベツ」の収穫！都心にも近いことから朝に採ったキャベツの当日出荷ができるため、都内のお店には鮮度の良いものが並べられるそう。

LET'S STUDY!

春キャベツの選び方

春キャベツは、外葉にハリとツヤがあるものが新鮮さの証し。巻きがゆるくてふんわりしており、芯が黒ずんでいないものがみずみずしくておいしいです。一方、冬は重くて巻きが固いものを選ぶと良いでしょう。

「うまい」と「甘い」が
ぎっしり！

しんなりキャベツとベーコンのハーモニー

Spring | キャベツ

キャベ玉

作業目安 **10**分

材料（4人分）

春キャベツ … 1/2 玉
ベーコン … 4 枚
卵 … 4 個
塩 … 小さじ1/2
粗びきこしょう … 適量
水 … 40㎖
サラダ油 … 小さじ 1

作り方

1. 春キャベツを千切りにする。ベーコンは半分に切る。
2. フライパンにサラダ油をひき、ベーコンを重ならないように並べる。
3. ベーコンの上に千切りキャベツをのせ、くぼみを4つ作って、卵を割り入れる。
4. 塩、粗びきこしょうを振り、水をかけたらふたをして中火で5分加熱する。

Aiba's EYE

ふわふわの千切りにしたり、少し太めに切ったり。切り方で食感が変わるよ

和風〝ザワークラウト〟

Spring | キャベツ

春キャベツの甘酢漬けトースト

作業目安 5分

材料（1枚分）

春キャベツの甘酢漬け
…50g
食パン（6枚切り）…1枚
卵黄…1個分
マヨネーズ…適量

作り方

1. 食パンに水気を絞った春キャベツの甘酢漬けをのせ、中央部をへこませて卵黄をのせてマヨネーズをかける。
2. トースターで焼き目がつくまで焼く。

春キャベツの甘酢漬け

材料（作りやすい分量）

春キャベツ…1/4玉、酢…大さじ2、砂糖…大さじ1、塩…小さじ1

作り方

1. 春キャベツを5㎜幅に切り、耐熱容器に入れてラップをかけ、電子レンジで加熱する（500W2分）。
2. 食品保存用袋に春キャベツ、酢、砂糖、塩を入れて1分ほど揉み、冷蔵庫で30分程おく。

Spring | 新玉ねぎ

新玉ねぎの卵とじ牛丼

作業目安 10分

材料（2人分）

新玉ねぎ（大）… 1個
牛こま切れ肉 … 160g
卵 … 2個
A
めんつゆ（3倍濃縮）… 60mℓ
水 … 60mℓ
砂糖 … 小さじ1
ごはん … 2膳
三つ葉（あれば）… 適量

作り方

1. 新玉ねぎは皮をむいて芯を取り、3㎜ほどの厚さに切る。牛こま切れ肉は食べやすい大きさに切っておく。卵は溶いておく。
2. フライパンに**A**を入れてひと煮立ちさせ、新玉ねぎと牛こま切れ肉を入れる。
3. 新玉ねぎが透き通ったら溶き卵を回し入れ、ふたをして弱火で1分蒸らす。
4. ごはんの上にのせる。あれば三つ葉を飾る。

Spring | 新玉ねぎ

新玉ねぎのまるごとレンジ蒸し

あつあつ新玉ねぎがしみじみとうまい

作業目安 10分

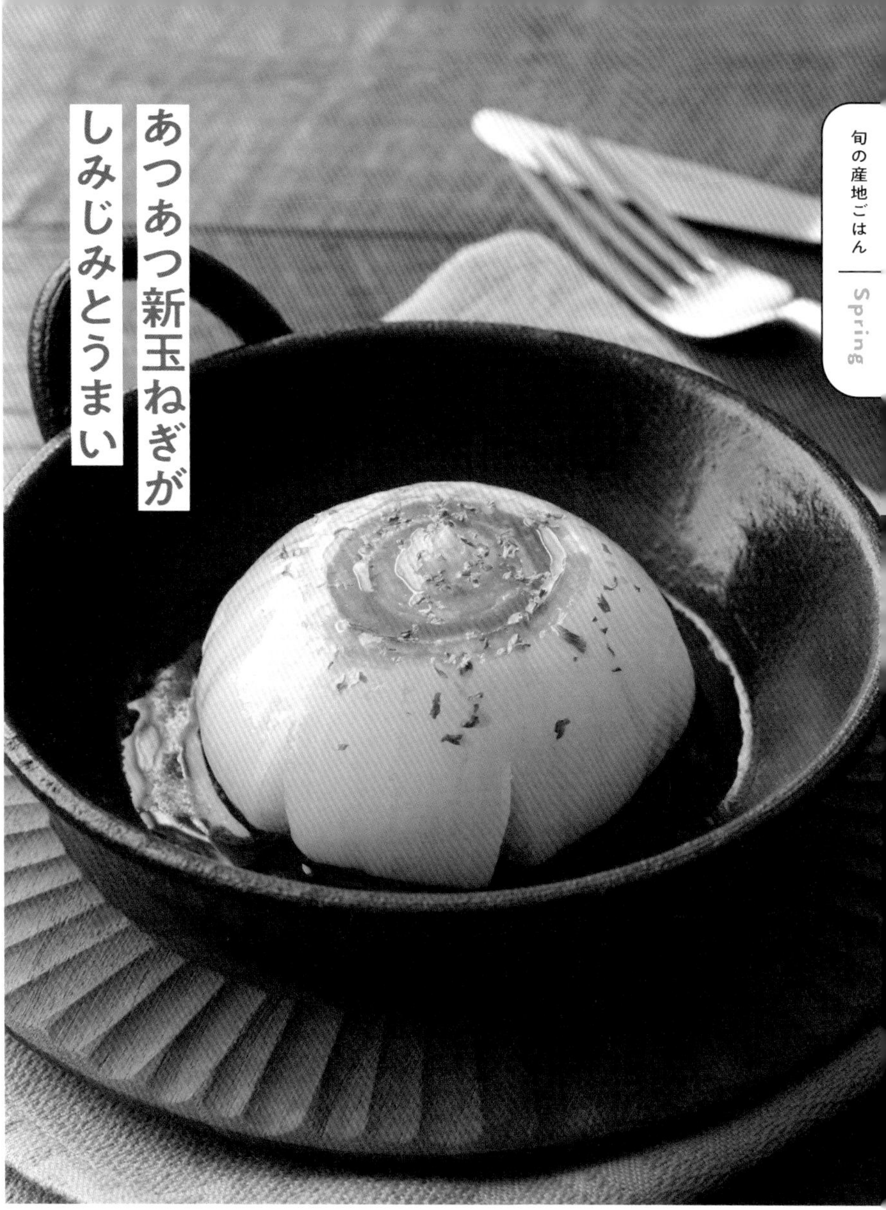

材料（1人分）

新玉ねぎ…1個
バター…10g
しょうゆ…適量
乾燥パセリ（あれば）…適量

作り方

1. 新玉ねぎの上下を切り落とし、皮をむいて6等分に切り込みを入れて耐熱皿におき、バターをのせる。
2. ①にふんわりとラップをして、電子レンジで加熱する（500W5分）。
3. 上下を返して、しょうゆをかけ、パセリを振る。

Aiba's EYE

辛味が控えめで、みずみずしいのが新玉ねぎ。春夏しか味わえない旬の野菜だよ

Spring | アスパラガス

アスパラガスと鶏肉のめんつゆバター炒め

作業目安
10分

材料（2～3人分）

アスパラガス … 5本
鶏もも肉 … 200g
バター … 10g
塩 … 少々
こしょう … 少々
めんつゆ（3倍濃縮）… 大さじ2

下準備
- アスパラガスは根元の固い部分を切り落とし、下1/3程度の皮をピーラーなどでむく。

作り方

1. 下準備したアスパラガスを斜め薄切りにする。鶏もも肉は余分な脂肪と筋を取り、ひと口大に切っておく。
2. 温めたフライパンにバターを溶かし、鶏もも肉を入れて塩、こしょうを振る。
3. 鶏もも肉の色が変わってきたらアスパラガスとめんつゆを入れ、アスパラガスがしんなりするまで炒める。

Spring | アスパラガス

アスパランドッグ

作業目安 **15**分

材料（5本分）

アスパラガス … 5本
スライスチーズ … 5枚
ロースハム … 5枚
ホットケーキミックス … 150g
卵 … 1個
牛乳 … 150mℓ
ケチャップ … 適量
揚げ油

作り方

1. 下準備したアスパラガスの穂先の部分にスライスチーズを巻き、上からハムを重ねて、手でぎゅっと握ってなじませる。
2. ボウルに卵と牛乳を混ぜ、ホットケーキミックスを加えて混ぜ合わせる。
3. 高さ10㎝ほどのコップに②を入れ、アスパラガスを穂先から入れて衣をつける。
4. 170℃の油で回転させながら、きつね色になるまで約2分揚げる。
5. 好みでケチャップをかける。

Spring じゃがいも

じゃがいものマルゲリータピザ風

作業目安 10分

カリカリじゃがいもの優しい甘さがピザに

材料（2人分）

じゃがいも … 2個
小麦粉 … 大さじ1
塩 … 少々
こしょう … 少々
オリーブオイル … 大さじ2
トマトソース（市販）
　… 大さじ2
トマト … 1/2個
モッツァレラチーズ
　… 1/2個
バジル … 適量

作り方

1 皮をよく洗ったじゃがいもを細切りにし、小麦粉、塩、こしょうをまんべんなくまぶす。トマトとモッツァレラチーズは薄く切る。

2 フライパンにオリーブオイル大さじ1をひき、じゃがいもを入れ約3分焼いて裏返す。

3 いったん火を止めてトマトソース、①のスライストマト、モッツァレラチーズをのせる。再び弱火にかけ、ふたをして3分蒸し焼きにする。

4 ふたを取り、鍋肌から残りのオリーブオイルを回し入れ、強火にしてカリッとするまで焼く。皿に移して、バジルを飾る。

Spring ｜じゃがいも

新じゃがとイカのにんにくバターしょうゆ

作業目安 15分

新じゃがが、
イカのうまみを閉じ込める

材料（3～4人分）

じゃがいも（大）…2個
スルメイカ…1杯
にんにく…2片
バター…30g
しょうゆ…大さじ2
青ネギ…適宜

作り方

1. スルメイカは内臓と軟甲を取り、1cm幅に切る。ゲソは食べやすい大きさに切る。にんにくは薄切りにする。
2. じゃがいもは皮をむいてひと口大に切り、水にさらす。水気を切って耐熱容器に入れ、ふんわりとラップをかけたら電子レンジで加熱する（500W6分）。
3. フライパンにバターを溶かし、にんにく、じゃがいも、イカを加えてさっと炒め、しょうゆを回し入れて火を止める。
4. 皿に盛り、小口切りにした青ネギを散らす。

Spring | ニラ

ニラツナ餃子

作業目安 15分

材料（16個分）

ニラ … 1束
ツナ缶 … 1缶
餃子の皮 … 16枚
マヨネーズ … 大さじ2
塩 … 少々
こしょう … 少々
ごま油 … 適量

作り方

1. ニラはみじん切りにする。ツナは油を切っておく。
2. ボウルにニラ、ツナ、マヨネーズ、塩、こしょうを入れて混ぜ合わせ、あんをつくる。
3. ②を16等分して餃子の皮にあんをのせて包む。
4. アルミホイルを敷いたトースターの天板に餃子を並べ、ハケで餃子の表面にごま油を塗る。
5. トースターで皮に焼き目がつくまで焼く。

ニラダレを盛るだけで
贅沢TKGに！

Spring | ニラ

ニラダレの卵かけごはん

作業目安 5分

材料（1人分）

ニラダレ … 好みの量
ごはん … 1膳
卵 … 1個

作り方

1 茶碗にごはんを盛り、ニラダレと卵をのせる。

ARRANGE

ニラダレは万能調味料。肉や魚、刺身、餃子のつけダレにもおすすめ。

ニラダレ

材料（作りやすい分量）

ニラ…2束、しょうゆ…大さじ3、ごま油…大さじ3、酢…大さじ1と1/2、昆布茶…小さじ1、おろししょうが…大さじ1、白ごま…大さじ2、かつお節…2パック

作り方

1.ニラはみじん切りにする。
2.ボウルに1、しょうゆ、ごま油、酢、昆布茶を入れて混ぜる。
3.おろししょうが、白ごま、かつお節を加え、さらに混ぜる。

サッと揚げて
シャキシャキ食べよう

Spring | ブロッコリー

ブロッコリーのめんつゆ揚げ

作業目安 **10**分

材料（2人分）

ブロッコリー…100g
めんつゆ（3倍濃縮）
…50mℓ
水…50mℓ
片栗粉…適量
揚げ油

作り方

1. ブロッコリーを小房に切り分ける。
2. 沸騰したお湯で1分茹でる。
3. 食品保存用袋にめんつゆと水、水気をしっかり切ったブロッコリーを入れ、20分漬ける。
4. ③の汁気を切って、片栗粉をまぶし、170℃の油で2分揚げる。

Aiba's EYE

ブロッコリーは茎と蕾で食感も味も違うからいろいろ楽しめるね

朝食にもぴったりな野菜のケーキ

Spring | ブロッコリー

ブロッコリーのガレット風

作業目安 10分

材料（1人分）

ブロッコリー … 80g
ハム … 20g
A
- ピザ用チーズ … 30g
- 片栗粉 … 大さじ2
- 塩 … 少々
- こしょう … 少々

サラダ油 … 適量
卵 … 1個

作り方

1. ブロッコリーは粗みじん切りにする。ハムは半分に切った後、2～3㎜幅の細切りにする。
2. ボウルにブロッコリー、ハム、Aのピザ用チーズ、片栗粉、塩、こしょうを入れて混ぜる。
3. フライパンにサラダ油をひき、生地を薄く広げてふたをし、弱火で両面を4～5分焼く。
4. 目玉焼きを作り、ガレットの中央にのせる。

夏

旬の産地ごはん

太陽をいっぱいに浴びて育ち
鮮やかな色合いのものが多いのが夏野菜の特徴です。
真っ赤なトマト、つややかな緑色のピーマン、深い紫色のナス、
黄金色のとうもろこし、赤や黄色のパプリカ……、
ビタミンやミネラルが多く夏バテに効くとされる栄養素が豊富なのも特徴。
暑くて身体にこたえる日こそ、もっと夏野菜を！

Summer | トマト 

トマトまるごとグラタン

作業目安 15分

材料（4個分）

トマト（硬めのもの）…4個
ナス…1本
牛ひき肉…120g
塩…小さじ1/4
こしょう…少々
サラダ油…大さじ1
ピザ用チーズ…60g

作り方

1. トマトは上部1cmを切り落とし、中の果肉を取り出す。取り出した中身と上部は細かく刻み、トマトの器は取っておく。ナスは5mmの角切りにしておく。
2. フライパンにサラダ油を中火で温め、牛ひき肉を炒める。肉の色が変わったら、トマトの果肉とナスを加え、塩、こしょうを振る。
3. 水分が飛ぶまでおよそ5分煮詰めたら、トマトの器に入れてチーズをのせる。
4. トースターの天板にアルミホイルを敷き、③をのせてチーズが溶けるまで焼く。

PLAY BACK!

旬の産地ごはん ～日野樽トマト～ #400

東京都日野市で栽培されている「日野樽トマト」を収穫！樽とヤシガラを使ったちょっと変わった栽培方法の「日野樽トマト」は味が濃く、みずみずしい！

LET'S STUDY!

トマトの選び方

たくさん種類があるトマト。大別すると、赤系（調理向き。「サンマルツァーノ」など）とピンク系（生食やサラダ向き。「桃太郎」など）があります。生食用は水分が多く調理に不向きな場合も。調理には赤系や「日野樽トマト」のような糖度の高い「フルーツトマト」系がおすすめです。

濃厚トマトのうまみ凝縮！

トマトの酸味と
味噌のコクがベストマッチ

Summer | トマト

冷製トマト味噌うどん

万能トマト味噌

材料（作りやすい分量）

中玉トマト… 8～10個、
味噌…150g

作り方

1. トマトはざく切りにして鍋に入れ、強火にかける。沸騰してきたら中火にして、水っぽさがなくなるまで15分ほど煮詰める。
2. 煮詰まったら弱火にし、味噌を加えてしっかり混ぜ合わせ、火から下ろす。

材料（1人分）

中玉トマト … 2個
冷凍うどん … 1玉
A
トマト味噌… 大さじ1と1/2
おろししょうが … 小さじ1
ごま油 … 大さじ1
大葉 … 1枚
レモン … 少々

作り方

1. 中玉トマトは8等分のくし形に切る。大葉は千切りにする。レモンはくし形に切っておく。
2. うどんを表示時間通りに茹で、氷水でしめる。
3. ボウルに①のトマトとAのトマト味噌、おろししょうが、ごま油を入れて混ぜる。
4. うどんをボウルに入れて③とよく絡め、皿に盛る。大葉をのせ、レモンを添える。

ほのかな辛味が
ツンとくる

Summer | トマト

トマトのわさびユッケのせごはん

作業目安 5分

材料（2人分）

トマトのわさびユッケ
…好みの量
大葉（あれば）…1枚
ごはん…2膳

作り方

1 茶碗にごはんを盛り、大葉を敷いてトマトのわさびユッケをのせる。

トマトのわさびユッケ

材料（2人分）

トマト…1個、しょうゆ…大さじ1、ごま油…小さじ2、わさび…小さじ1

作り方

1. トマトは食べやすいよう小さめに切る。
2. ボウルにしょうゆ、ごま油、わさびを混ぜ合わせタレを作る。
3. タレにトマトを入れて和える。

さっぱりそうめんを
コクうまダレで

Summer | 枝豆 

枝豆豆乳そうめん

作業目安 **15**分

材料（2〜3人分）

枝豆（さや入り）… 350g
豆乳 … 180mℓ
めんつゆ（3倍濃縮）
…大さじ1
そうめん … 250g
きゅうり … 適量
トマト … 適量

作り方

1. 枝豆は塩茹でし、さやから取り出しておく。きゅうりは細切り、トマトは食べやすい大きさに切る。
2. 枝豆160g、豆乳、めんつゆをミキサーに入れ、なめらかになるまで混ぜてつけダレを作る。
3. そうめんを表示時間通りに茹で、流水でよく洗って氷水でしめ、水気を切る。
4. 器にそうめん、きゅうり、トマト、枝豆を盛り、つけダレを添える。

Summer | 枝豆

枝豆ベーコンポテト焼き

作業目安 20分

材料（4個分）

枝豆（さや入り）… 200g
ベーコン … 1枚
じゃがいも … 1個
片栗粉 … 大さじ1と1/2
牛乳 … 大さじ1～2
塩 … 少々
粗びきこしょう … 少々
サラダ油 … 大さじ1/2

作り方

1. 枝豆は塩茹でし、さやから取り出しておく。ベーコンは1cm幅に切る。
2. じゃがいもは皮をむいてひと口大に切り、耐熱皿に入れる。ラップをして電子レンジで加熱する（500W6分）。
3. じゃがいもをマッシャーなどで潰し、片栗粉、牛乳、塩、粗びきこしょうを入れてよく混ぜ合わせる。
4. ベーコン、枝豆を加えて混ぜ、4等分にして成形する。
5. フライパンにサラダ油をひき片面4分、返して1～2分、中火で焼く。

香ばしとうもろこしで
〝和風〟イタリアン

Summer｜とうもろこし

とうもろこしふりかけのスパゲッティ

作業目安 10分

材料（1人分）

とうもろこしふりかけ
…好みの量
スパゲッティ…100g
ツナ缶…1缶
オリーブオイル
…大さじ1
しょうゆ…大さじ1
塩…少々
こしょう…少々

作り方

1. 鍋に湯を沸かし、塩（分量外）を入れスパゲッティを表示時間通りに茹でる。
2. ボウルにスパゲッティ、オリーブオイル、塩、こしょう、ツナ、しょうゆを加えて和える。
3. 皿に盛り、とうもろこしふりかけをかける。

とうもろこしふりかけ

材料（作りやすい分量）

とうもろこしの粒…140g（正味）、小松菜…50g、酒…小さじ2、みりん…小さじ2、塩…小さじ1/2、白ごま…大さじ1、サラダ油…大さじ1/2

作り方

1. フライパンにサラダ油をひき、とうもろこしの粒、細かく刻んだ小松菜を入れ中火で炒めて水分を飛ばす。
2. 酒、みりん、塩を加え、水気がなくなってきたら白ごまを加え、炒め合わせる。

Summer | とうもろこし

コーンしょうゆマヨトースト

作業目安 10分

粒々のおいしさをしょうゆマヨで

材料（2人分）

とうもろこし … 1本
食パン … 2枚
マヨネーズ … 大さじ1
しょうゆ … 小さじ1
粗びきこしょう … 少々
乾燥パセリ（あれば）… 適量

作り方

1. とうもろこしは薄皮1～2枚を残して電子レンジで加熱（500W5分）し、薄皮をむいて包丁で実をそぐ。
2. ボウルにとうもろこし、マヨネーズ、しょうゆ、粗びきこしょうを入れてよく混ぜ、食パンにのせてさらにマヨネーズ（分量外）をかける。
3. トースターで軽く焦げ目がつくまで焼き、乾燥パセリを振る。

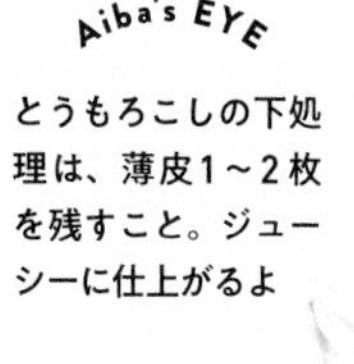

Aiba's EYE
とうもろこしの下処理は、薄皮1～2枚を残すこと。ジューシーに仕上がるよ

ピーマンの辛味としたたる肉汁

Summer | ピーマン

豚しゃぶの万能ピーマンソース和え

作業目安 10分

材料（3人分）

万能ピーマンソース
…200g
豚薄切り肉…300g
塩…小さじ1
酒…大さじ1
水…1ℓ

作り方

1. 水に塩を入れて沸かし、酒を加えて豚肉を茹で、水気を切る。
2. 豚肉に万能ピーマンソースをたっぷりかけ、和える。

万能ピーマンソース

材料（作りやすい分量）

ピーマン…4個、玉ねぎ…1/2個、大葉…6枚、しょうが…1片、にんにく…1片、塩昆布…20g

A
酢…大さじ2、しょうゆ…大さじ1、ごま油…小さじ2、砂糖…小さじ2、豆板醤…小さじ1/4

作り方

1. 野菜をみじん切りにし、塩昆布と合わせる。
2. 合わせておいたAに1を加えて和える。

ふんわりしらすが
アクセント

Summer | ピーマン

ピーマン炒めのしらすのせ

作業目安 5分

Aiba's EYE

ピーマンは切り方で味が違う。苦味・辛味を抑えるときは縦方向に細切りしてね

材料（2人分）

ピーマン…4個
ごま油…小さじ1
しらす…20g
めんつゆ（3倍濃縮）…大さじ1/2

作り方

1. ピーマンのヘタと種を取り、細切りにする。
2. フライパンにごま油をひき、ピーマンに焼き目がついてしんなりするまで炒める。
3. 器に盛り、しらすをのせてめんつゆをかける。

Summer | ナス

ナスのかば焼き丼

作業目安 10分

材料（1人分）

ナス … 1本
片栗粉 … 大さじ2
みりん … 大さじ2
酒 … 大さじ2
しょうゆ … 大さじ1
しょうが … 小さじ1
サラダ油 … 大さじ1
ごはん … 1膳
青ネギ … 適宜
山椒 … 適宜

作り方

1. ナスは縦に5㎜幅の薄切りにし、両面に片栗粉を薄くまぶす。しょうがはみじん切りにする。青ネギは小口切りにしておく。
2. フライパンにサラダ油をひいて中火で温め、ナスの両面に焼き色がつくまで5分焼く。
3. ナスを焼いている間に、みりん、酒、しょうゆ、①のしょうがを混ぜ合わせる。ナスに焼き色がついたら弱火にして合わせた調味料を加え、軽く煮詰めながら絡める。
4. ごはんを盛ったどんぶりに③をのせて青ネギを散らし、好みで山椒を振る。

Summer | ナス

ナスのスペイン風オムレツ

作業目安 15分

材料（2〜3人分）

ナス … 1本
玉ねぎ … 1/4個
卵 … 4個
粉チーズ … 大さじ3
塩 … 小さじ1/4
粗びきこしょう … 少々
バター … 20g
サラダ油 … 大さじ1

作り方

1. ナスは1㎝ほどの輪切りにし、玉ねぎは薄切りにする。
2. ボウルに卵、粉チーズ、塩、粗びきこしょうを入れて混ぜる。
3. フライパンにサラダ油、バターをひき、弱火でナスの片面を焼く。裏返して玉ねぎを入れ、しんなりしてきたら②を加える。
4. ふたをして弱火で7分焼く。

Summer | オクラ 

オクラの豚バラ巻き

まろやかな豚肉と
とろとろオクラ

作業目安 10分

材料（2人分）

オクラ … 4本
豚バラ肉 … 4枚
塩 … 少々
こしょう … 少々
みりん … 大さじ2
しょうゆ … 大さじ1
酒 … 大さじ1

下準備
1. オクラはヘタを切り落とし、ガクを取る。
2.塩で揉み、水で洗い流して水気を拭く。

作り方

1. 豚バラ肉に塩、こしょうを振り、下処理したオクラに巻く。
2. 巻き終わりを下にしてフライパンに並べ、中火で転がしながら焼く。
3. 全体に焼き目がついて火が通ったら、みりん、しょうゆ、酒を加えて煮詰めながら絡める。

Summer｜オクラ

オクラと梅の万能ダレ冷ややっこ

見た目も涼し気な夏の一品

作業目安 5分

材料（2～3人分）

オクラ…6本
豆腐…1丁
梅干し…1個
かつお節…適量

作り方

1. 下準備したオクラを電子レンジで加熱し（500W1分）、小口切りにする。梅干しは種を取り、細かく刻む。
2. オクラ、梅干し、かつお節を混ぜる。
3. 豆腐を好みの大きさに切って器に盛り、②をのせる。

Aiba's EYE

鮮やかな緑色で産毛が密集して生えていて、実がやわらかいのがおいしいオクラなんだって

旬の産地ごはん	お弁当のおかず編

旬の産地ごはんから、お弁当のおかずにぴったりのレシピをピックアップしました。手軽に一品追加できるものや誰もがうれしい絶品おかずまで、ぜひお試しあれ。

大根とザーサイのごま油炒め

材料（2〜3人分）

大根 … 250g
ザーサイ … 40g
ごま油 … 大さじ1
塩 … 少々
しょうゆ … 小さじ1

作り方

1. 大根はマッチ棒程度の太さに、ザーサイは細切りにする。
2. フライパンにごま油の半量をひき、大根、ザーサイ、塩を入れ中火で炒める。
3. 大根が透き通って軽く焦げ目がつき始めたら、残りのごま油としょうゆを入れて全体をさっと混ぜる。

作業目安 10分

ごぼうのメンチカツ

材料（6個分）

ごぼう … 1本
合いびき肉 … 200g
卵 … 1個
塩 … 小さじ1/2
小麦粉 … 適量
溶き卵 … 1個分
パン粉 … 適量
揚げ油

作り方

1. ごぼうはたわしで洗い、みじん切りにする。
2. ボウルにごぼう、合いびき肉、卵、塩を入れてこねる。
3. タネを6等分して丸く形を整え、小麦粉、溶き卵、パン粉の順に衣をつける。
4. 160℃の油で約8分揚げる。
5. お好みで塩（分量外）を振る。

作業目安 15分

アスパラの豚肉蒸し

作業目安 10分

材料（1人分）

アスパラガス … 2本
豚バラ肉 … 2枚
塩 … 少々
こしょう … 少々

作り方

1. アスパラガスは根元を切り落として下1/3程度の皮をむく。
2. ①のアスパラガスに豚バラ肉を巻きつけ、ぎゅっと握ってなじませたら、塩とこしょうを振る。
3. 耐熱皿にのせてラップをかけ、電子レンジで加熱する（500W3分30秒）。

キャベツのハムチーズ春巻き

材料（4本分）

キャベツ … 60g
ハム … 4枚
スライスチーズ … 4枚
春巻きの皮 … 4枚
水溶き小麦粉 … 適量
揚げ油

作り方

1. キャベツを千切りにする。
2. 春巻きの皮にハム、スライスチーズ、キャベツを順にのせてきつめに巻き、端を水溶き小麦粉で留める。
3. 170℃の油できつね色になるまで揚げる。

作業目安 10分

ズッキーニの挟み揚げ

作業目安 15分

材料（4～5人分）

ズッキーニ … 2本
合いびき肉 … 200g
A
- 小麦粉 … 大さじ2
- 溶き卵 … 1個分
- 塩 … 少々
- こしょう … 少々

溶き卵 … 1個分
パン粉 … 適量
揚げ油

レモン … 適宜
ソース … 適宜

作り方

1. ズッキーニを1cm程度の厚めの輪切りにし、全面に小麦粉（分量外）を振っておく。
2. 合いびき肉にAを加えて粘り気が出るまでよく練り混ぜ、ズッキーニで挟む。
3. 溶き卵、パン粉の順に衣をつけ、160℃の油で衣にしっかり色がつくまで8分ほど揚げる。
4. 盛りつけて、好みでレモン、ソースをかける。

枝豆と鶏肉のハンバーグ

材料（2人分）

枝豆（さや入り）
　… 300g
鶏ひき肉 … 150g
卵 … 1個
パン粉 … 大さじ4
塩 … 小さじ1/3
こしょう … 少々
サラダ油 … 大さじ1

作り方

1. 枝豆は塩茹でし、さやから取り出す。
2. ボウルに鶏ひき肉、①、卵、パン粉、塩、こしょうを入れてよく混ぜる。4等分にし、空気を抜きながら丸く形を整える。
3. フライパンにサラダ油をひき、中火で2分焼く。裏返してふたをしたら弱火で4分焼く。

作業目安 15分

グリルド・コーン

材料（2人分）

とうもろこし … 1本
マヨネーズ … 大さじ2
粉チーズ … 20g
チリパウダー … 適量
ライム … 適宜

作り方

1. とうもろこしの薄皮だけ残して皮をむき、電子レンジで加熱する（500W 5分）。
2. 皮をむいて半分に切り、さらに縦半分に切る。
3. マヨネーズを塗り、粉チーズとチリパウダーをかける。
4. トースターで焼き色をつける。好みでライムを添える。

作業目安 10分

しょうがふりかけ

材料（2人分）

新しょうが … 100g
めんつゆ（3倍濃縮） … 大さじ2
ごま油 … 大さじ1
砂糖 … 小さじ2
かつお節 … 2g

作り方

1. 新しょうがを粗みじん切りにする。
2. フライパンにごま油をひき、①の新しょうがを入れて中火で炒める。しょうがが透き通ってきたら、めんつゆ、砂糖を加える。
3. 汁気がなくなったら、かつお節を加えて混ぜる。

作業目安 5分

Aiba's EYE

ふりかけは、肉や魚のトッピングにしたり、野菜のおひたしと和えてもgood！

にんじんの塩きんぴら

材料（4人分）

にんじん … 200g
ごま油 … 大さじ2
塩 … 小さじ1/2
こしょう … 少々
白ごま … 適量

作り方

1. にんじんは専用のおろし器、または包丁で千切りにする。
2. フライパンにごま油をひいてにんじんを入れ、塩、こしょうを振って弱火で4～5分炒める。
3. にんじんがしんなりしたら盛りつけて、白ごまを振る。

作業目安 10分

油揚げネギ味噌焼き

材料（2個分）

ネギ … 1本
味噌 … 大さじ1
みりん … 大さじ1
酒 … 大さじ1
砂糖 … 大さじ1/2
ごま油 … 大さじ1
油揚げ … 1枚

作り方

1. ネギを斜め切りにする。味噌、みりん、酒、砂糖を合わせておく。
2. フライパンにごま油をひいてネギを炒め、合わせた調味液を加えて軽く煮詰める。
3. 油揚げを半分に切り、袋状に開いてネギ味噌を詰める。
4. フライパンに油揚げを入れ、弱火で両面に焼き色がつくまで焼く。

作業目安 10分

肉巻きほうれん草

材料（2本分）

ほうれん草 … 1/2 束
豚バラ肉
　… 2 枚
小麦粉 … 適量
砂糖 … 大さじ1
しょうゆ … 大さじ1
酒 … 大さじ1
みりん … 大さじ1
サラダ油 … 小さじ1

作り方

1. ほうれん草は茹でて水気を絞り、2つに分けて半分に切る。葉と茎を互い違いにする。
2. 豚バラ肉に小麦粉を振り、ほうれん草をおいて巻く。全体にも小麦粉をふる。
3. フライパンにサラダ油をひき、巻き終わりを下にして、焼き目がつくまで焼く。
4. 砂糖、しょうゆ、酒、みりんを加えて絡めながら焼く。

作業目安 10分

小松菜ナムル

材料（2人分）

小松菜 … 3 株
しょうゆ … 大さじ1
鶏がらスープの素
　… 小さじ2
おろしにんにく
　… 小さじ1/2
ごま油 … 小さじ2
白ごま … 適量

作り方

1. 鍋に湯を沸かして塩（分量外）を入れ、小松菜を茎から入れて1分茹でる。冷水に取って水気を絞り、ひと口大に切る。
2. ボウルにしょうゆ、鶏がらスープの素、おろしにんにく、ごま油を入れて混ぜ、小松菜を加えてよく和える。
3. 盛りつけて、白ごまを振る。

作業目安 5分

旬の産地ごはん

秋

夏の陽を浴びて栄養をしっかり蓄え、
秋になり気温が下がると「糖度」を蓄えて熟すのが秋野菜。
根菜、いも、きのこ……、種類も豊富だから栄養素もさまざま。
穀物や果実も秋に実ります。
いろんな栄養をしっかり取って、これからの寒い季節に備えましょう。

さつまいものベーコンチーズコロッケ

材料（4個分）

さつまいも … 中1本
ピザ用チーズ … 40g
ベーコン … 40g
牛乳 … 大さじ2〜3
塩 … 少々
粗びきこしょう … 少々
小麦粉 … 適量
溶き卵 … 1/2個分
パン粉 … 適量
揚げ油

作り方

1. さつまいもは皮をむき乱切りにしてさっと水にくぐらせ、耐熱ボウルに入れる。ふんわりとラップをかけ、電子レンジで加熱する（500W 5分）。ベーコンは短冊切りにする。
2. 電子レンジから取り出したさつまいもをマッシャーなどで潰し、牛乳、塩、粗びきこしょうを加えて混ぜる。ベーコンを加えてさらに混ぜる。
3. ②を4等分にしてラップに薄く広げる。中央にチーズをのせ、包みながら丸形に成形する。
4. ③に小麦粉、溶き卵、パン粉の順につけ、170〜180℃の油で4分揚げる。

PLAY BACK!

旬のさつまいもをホクホクで食べよう! #472

ホクホク食感を楽しめるさつまいも「紅あずま」の収穫で千葉県木更津市へ！焼き芋や芋スイーツなど秋の味覚を農家さんに教わりました。

LET'S STUDY!

さつまいもの選び方

皮の色が鮮やかで、色ムラのないものを選びましょう。あまり大きすぎても大味で甘みが薄くなります。大きさより、ずっしりと重みが感じられるものを。じゃがいもと違い、芽が出てしまっても食べられますが、味が落ちます。冷暗所で新聞紙などにくるみ、立てて保存すると1カ月は持ちます。

口の中に広がるリッチな味わい

Autumn | さつまいも

さつまいもと塩昆布の炊き込みごはん

作業目安 10分

材料（4人分）

さつまいも（小）… 1本
米 … 2合
水 … 280mℓ
塩昆布 … 15g
酒 … 大さじ1
氷 … 120g
バター … 適量
粗びきこしょう … 適量

作り方

1. さつまいもはさいの目切りにし、水にさらす。米は研いで、ざるなどにあげて水気を切っておく。
2. 炊飯器に①の米と水、さつまいも、塩昆布、酒、氷を入れて炊く。
3. 炊けたらほぐすように混ぜて茶碗に盛り、バターをのせて粗びきこしょうを振る。

Autumn | さつまいも

焼き芋サンド

作業目安 10分

材料（2個分）

焼き芋 … 1本
食パン（8枚切り）… 2枚
生クリーム … 150mℓ
砂糖 … 大さじ1
クリームチーズ … 60g

作り方

1. 焼き芋の皮をむき冷蔵庫で冷やし、縦3等分に切る。
2. 砂糖を加えてしっかりと泡立てた生クリームに、常温に戻しておいたクリームチーズを加えて混ぜ、食パンに塗る。
3. パンの上に焼き芋を並べ、もう1枚のパンで挟む。ややきつめにラップで包み、冷蔵庫で約30分間冷やして半分に切る。

ほっこり栗の
リッチなおいしさ

Autumn | 栗

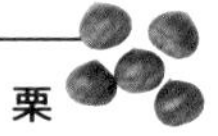

栗のクリームスパゲッティ

作業目安 15分

材料（1人分）

茹で栗 … 4個
スパゲッティ … 100g
ブロックベーコン … 40g
ぶなしめじ … 40g
牛乳 … 130mℓ
塩 … 小さじ1/2
こしょう … 少々
オリーブオイル … 大さじ1
粗びきこしょう … 適宜
A〈マロンクリーム〉
　茹で栗 … 70g（正味）
　生クリーム … 40mℓ

作り方

1 フードプロセッサーにAを入れ、滑らかになるまで混ぜて、マロンクリームを作る。

2 茹で栗4個は鬼皮・渋皮をむく。ブロックベーコンは好みの大きさに、ぶなしめじは石づきを取ってほぐしておく。

3 沸騰したお湯に塩（分量外）を入れ、スパゲッティを表示時間通りに茹でる。

4 フライパンにオリーブオイルをひき、ベーコン、ぶなしめじ、茹で栗を炒める。牛乳を注ぎ塩、こしょうを入れ、煮立ったら①を加えてなじませる。

5 茹で上がったスパゲッティを加えてさっと混ぜたら皿に盛り、粗びきこしょうを振る。

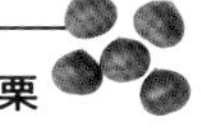

Autumn ｜ 栗

栗の甘露煮

作業目安 **20**分

秋の恵みを
ゆっくり煮詰めて

材料（作りやすい分量）

栗 … 300g
砂糖 … 70g
水 … 600mℓ

作り方

1. 栗の鬼皮・渋皮をむく。
2. 鍋に①、水、砂糖を入れて火にかける。
3. 沸騰したら弱火で1時間煮て火を止め、そのまま冷ます。

Aiba's EYE

栗は水につけて半日おいてから茹でるとむきやすくなるんだ！

Autumn | しょうが

しょうがグラタン

作業目安 10分

材料（2人分）

新しょうが … 30g
鶏ひき肉 … 30g
ピザ用チーズ … 20g
ピザソース … 15g
牛乳 … 250mℓ
小麦粉 … 30g
バター … 20g
塩 … 小さじ1/3

作り方

1. 新しょうがは粗みじん切りにする。
2. ボウルに新しょうがと鶏ひき肉を入れて混ぜ、耐熱皿に入れてピザソースを塗る。
3. 別のボウルに小麦粉を入れて、牛乳を少しずつ加えながら泡立て器で混ぜる。
4. 鍋にバターを溶かし、③を入れてゴムべらで混ぜながら中火にかける。とろみがついたら、塩を加えて混ぜ、②の上にかける。
5. ピザ用チーズをかけ、トースターで10分焼く。
※焦げそうな場合は途中でアルミホイルをかぶせる。

Autumn｜しょうが 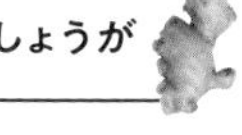

しょうがたっぷり！あんかけうどん

作業目安
5分

体に染みわたる
しょうがあんのコク

材料（1人分）

しょうが…10g
冷凍うどん…1玉
溶き卵…1個分
水…200㎖
水溶き片栗粉…大さじ3～4
めんつゆ（3倍濃縮）
…大さじ2
青ネギ…適宜

作り方

1. しょうがは皮をむいてすりおろす。
2. 鍋にめんつゆ、水、しょうがを入れて中火で温め、煮立ったら弱火にして、水溶き片栗粉を加える。とろみがついたら中火にし、溶き卵を加えて混ぜる。
3. うどんを表示時間通りに茹でる。
4. 器にうどんを入れ、②をかけて、小口切りの青ネギを散らす。

ねっとり里芋と
焦がしチーズ

Autumn | 里芋

里芋のスコップコロッケ

作業目安 15分

材料（4人分）

里芋 … 7個
牛こま切れ肉 … 100g
玉ねぎ … 1/2個
にんにく … 1片
サラダ油 … 大さじ1
塩 … 小さじ1/2
こしょう … 少々
バター … 10g
豆乳 … 大さじ1
トマトペースト … 小さじ1
粉チーズ … 大さじ1
パン粉 … 大さじ4

作り方

1. 里芋は皮をむいてひと口大に切り、ラップをして電子レンジで加熱する（500W 6分）。温かいうちに潰す。
2. 玉ねぎとにんにくはみじん切りに、牛肉は細かく切る。
3. フライパンにサラダ油をひき、玉ねぎとにんにくを炒めたら牛肉を加える。塩、こしょうを振り、さらに炒める。
4. ①に③、バター、豆乳を加えて混ぜる。
5. 耐熱皿に④を敷き詰めてトマトペーストを塗る。粉チーズ、パン粉の順にかけてトースターで焦げ目がつくまで焼く。

Autumn｜里芋

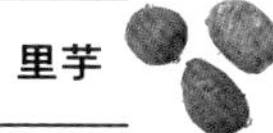

里芋もち

作業目安 10分

甘じょっぱ味のタレとモチモチのコラボ

材料（3個分）

里芋…3～4個
片栗粉…大さじ2
牛乳…大さじ1
バター…5g
A
水…50mℓ
砂糖…大さじ1
みりん…大さじ1
しょうゆ…小さじ1

作り方

1. 里芋は皮をむいてひと口大に切り、ラップをして電子レンジで加熱する（500W 3分30秒）。温かいうちにマッシャーなどで粗く潰す。
2. ①に片栗粉、牛乳を入れてよく混ぜ合わせ、3等分にして平らに成形する。
3. フライパンにバターを溶かし、両面をこんがりと色がつくまで焼く。
4. Aを加え、絡めながら煮詰める。

Autumn ｜ ごぼう

鶏ごぼうの味噌鍋

作業目安 15分

材料（2人分）

ごぼう … 2本
鶏もも肉 … 250g
水菜 … 1/2袋
しいたけ … 4個
みりん … 大さじ3
酒 … 大さじ3
しょうゆ … 大さじ1
味噌 … 大さじ2
水 … 600㎖

作り方

1. ごぼうはたわしで洗い、ピーラーでささがきにする。鶏肉はひと口大に、しいたけは石づきを落として半分に切り、水菜は長さ4㎝に切る。
2. 鍋にみりん、酒、しょうゆ、水、鶏肉、しいたけを入れて中火にかける。煮立ったらアクを取り、弱火にして約6分煮る。
3. ①のごぼうを加えてひと煮立ちさせ、味噌を溶いて水菜を入れる。

Autumn ｜ ごぼう

ごぼうマヨサラダと海苔のホットサンド

シャキシャキごぼうと
まろやかマヨネーズ

作業目安 10分

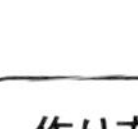

材料（2個分）

ごぼうマヨサラダ
　…60g
食パン（6枚切り）
　…2枚
バター（加塩）…適量
焼き海苔…1/4枚
ねりがらし…小さじ1
きゅうり…1/3本
塩…適量

作り方

1. 食パンはトースターで軽く焦げ目がつくまで焼く。きゅうりは細切りにし、塩揉みして水気を絞る。
2. ごぼうマヨサラダと、ねりがらし、きゅうりを混ぜる。
3. ①の食パンにバター、ねりがらし（分量外）を塗り、焼き海苔と②をのせてもう1枚のパンで挟み、半分に切る。

ごぼうマヨサラダ

材料（2人分）

ごぼう…1本、にんじん…1/4本、マヨネーズ…大さじ5、酢…大さじ1、砂糖…大さじ1、白ごま…大さじ1

作り方

1. ごぼう（たわしで洗ったもの）とにんじんは長さ5cmの細切りにする。
2. 鍋に水、塩（分量外：少々）を入れ、ごぼうとにんじんを入れる。中火にかけて沸騰したら約2分茹で、水気をしっかり切って冷ます。
3. 2をボウルに入れ、マヨネーズと酢、砂糖を入れて和える。白ごまを指先で潰しながらかける。

Autumn | しいたけ

しいたけ茶碗蒸し

肉厚しいたけとだしの味わい

作業目安 25分

材料（2人分）

生しいたけ…2個
干ししいたけ（スライス）…4g
水…200mℓ
鶏もも肉…20g
卵…1個
塩…小さじ1/3
三つ葉…適量

作り方

1. 鍋に水を入れ沸騰させる。干ししいたけを入れ、10分煮て冷ましておく。
2. 生しいたけは石づきと軸を取って飾り切りにする。鶏もも肉はひと口大に切る。
3. ボウルに卵を溶き、干ししいたけの戻し汁120mℓと塩を加えて混ぜる。
4. 戻した干ししいたけ、鶏もも肉を器に入れ、③を茶こしでこしながら8分目まで静かに注ぐ。
5. 飾り切りにした生しいたけ、三つ葉をのせ、アルミホイルでふたをする。蒸し器に入れて強火で3分、弱火で10分蒸す。

しいたけ軸の
歯ごたえを楽しむ

Autumn | しいたけ

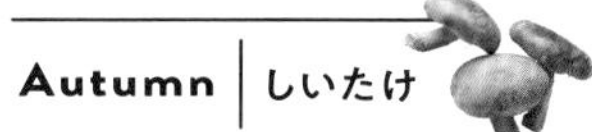

しいたけの軸のきんぴら

作業目安 10分

材料（2人分）

生しいたけの軸
　… 60g（約14本）
にんじん … 50g
ごま油 … 大さじ1
しょうゆ … 大さじ1
みりん … 大さじ1
砂糖 … 小さじ1
顆粒だし … 小さじ1/4
白ごま … 適量

作り方

1. しいたけの石づきを切り軸を細かく裂く。にんじんは皮をむき細切りにする。
2. フライパンにごま油をひき、しいたけの軸とにんじんを軽く炒め、しょうゆ、みりん、砂糖、顆粒だしを加えてしんなりするまで炒める。
3. 器に盛り、白ごまを振る。

Aiba's EYE

しいたけは肉厚でカサがあまり開いていないもの、軸は太くて短いのを選んでね

冬

旬の産地ごはん

冬に育つ野菜は、厳しい寒さから身を守るため、
細胞が「糖度」を蓄えて成長します。
甘くてとろみがあるのはそのためです。
また、身体を温め、免疫を高める栄養素が豊富なのも冬野菜の特徴。
血行をよくするアリシンを含むネギ、
ビタミンやミネラルが豊富な白菜、
整腸作用をもつ大根など……。
しっかり食べて、寒さに強い身体になりましょう。

Winter | 大根

大根プルコギ

作業目安 **10**分

材料（2人分）

大根 … 200g
牛こま切れ肉 … 200g
にんじん … 40g
にんにくの芽 … 40g
ごま油 … 大さじ1
こしょう … 適量

A

- しょうゆ … 大さじ1と1/2
- 酒 … 大さじ1
- ごま油 … 大さじ1
- コチュジャン … 大さじ1
- 砂糖 … 小さじ2
- おろしにんにく … 小さじ1/2
- 塩 … 小さじ1/2

作り方

1. 大根は皮をむいて拍子木切りにし、1時間半ほど天日で干す（または、電子レンジで加熱する（500W6分））。にんじんは皮をむいて短冊切り、にんにくの芽は4cm程度に切る。
2. ボウルにAの調味料と牛肉を入れて揉みこみ、牛肉に下味をつける。
3. フライパンを中火で温めてごま油をひき、②の牛肉を色が変わるまで炒める。
4. 大根、にんじん、にんにくの芽、こしょうを入れて水分がなくなるまで炒め合わせる。

PLAY BACK!

旬の産地ごはん #433 ～姉崎だいこん～

千葉県市原市の“姉崎だいこん”は姉崎地区で栽培・収穫される特産品。水分量が多く、甘いのが特徴の姉崎だいこんを使った絶品料理を、地元農家の方に学びました。

LET'S STUDY!

大根の選び方

大根はまっすぐ伸びて丸みのあるものが良品です。白い部分にツヤやハリがあるものを選びましょう。大根は部位によって味が異なります。葉に近い部分ほどみずみずしく甘みがあり、下にいくほど辛味が強く水分が少なめになります。好みで使い分けて。

うまみしみしみ
肉と大根の共演

Winter | 大根

大根と手羽のポン酢煮

作業目安 **10**分

材料（4人分）

大根 … 300g
手羽中 … 300g
ポン酢 … 200㎖
水 … 200㎖
大根の葉（あれば）
… 適量

作り方

1. 大根の皮をむき、厚さ1㎝のいちょう切りにする。大根の葉は食べやすい固さに茹でて刻む。
2. 手羽中を熱湯にくぐらせ、全体が白っぽくなったら引き上げる。
3. 鍋に大根、手羽中、ポン酢、水を入れてふたをし、強火にかける。沸騰したら弱火にして約30分煮る。
4. 器に盛り、①の大根の葉を散らす。

Winter | 大根

大根おろしの天ぷら

作業目安 **10**分

材料（2人分）

大根 … 250g
卵 … 1個
小麦粉 … 大さじ2
青ネギ … 10g
サラダ油 … 適量
天つゆ … 適量

作り方

1. 大根は皮をむいてすりおろし、しっかり汁気を絞る。青ネギは小口切りにする。
2. ボウルに①の大根おろし、卵、小麦粉、青ネギを入れて混ぜ合わせる。
3. フライパンに多めの油を入れて温め、生地をスプーンですくい油の中に入れる。中火で2～3分、返しながら両面を揚げる。
4. 天つゆと大根おろし（分量外）を添える。

Winter | 白菜

白菜と鮭のホワイトシチュー

作業目安 20分

材料（4人分）

白菜 … 400g
玉ねぎ … 1/2個
塩鮭（甘口）… 4切
牛乳 … 800mℓ
小麦粉 … 大さじ4
コンソメ … 小さじ2
こしょう … 少々
バター … 40g
ピザ用チーズ … 20g

作り方

1. 白菜は3～4cmのざく切り、玉ねぎは薄切りにする。塩鮭は骨を取り、ひと口大に切る。
2. 白菜と玉ねぎを耐熱容器に入れ、ラップをして電子レンジで加熱する（500W10分）。
3. 鍋に牛乳と小麦粉、コンソメ、こしょうを入れ、泡立て器で小麦粉が完全に溶けるまで混ぜ合わせる。
4. ③を中火にかけ、温まってきたらバターとチーズを加える。
5. ④に塩鮭と②を汁ごと加えて5分ほど煮込む。

Winter | 白菜

白菜のミルフィーユカツ

作業目安 15分

ふんわり濃厚「うまい」が重なる

材料（4個分）

白菜の塩漬け（市販）…4枚(なるべく大きなもの)
豚バラ肉…4枚
粗びきこしょう…少々
A
　小麦粉…大さじ5
　水…小さじ2
　卵…1個
パン粉…適量
揚げ油

作り方

1. 白菜の塩漬けの水気をキッチンペーパーで拭き取る。
2. 白菜に豚バラ肉をのせて粗びきこしょうをふり、芯から葉に向かって丸め、爪楊枝で止める。
3. Aを混ぜ、衣を作る。②を衣、パン粉の順につける。
4. 160℃の油で約7分揚げ、2分ほど余熱で中まで火を通す。最後に爪楊枝を外す。

Aiba's EYE

白菜は、冬が深まり寒くなるにしたがって大きくなり、うまみも増すんだって

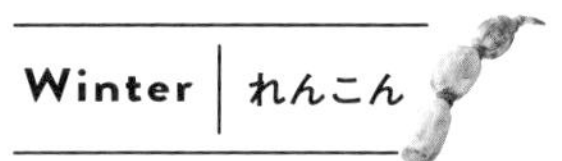

Winter ｜ れんこん

れんこんたっぷり筑前煮

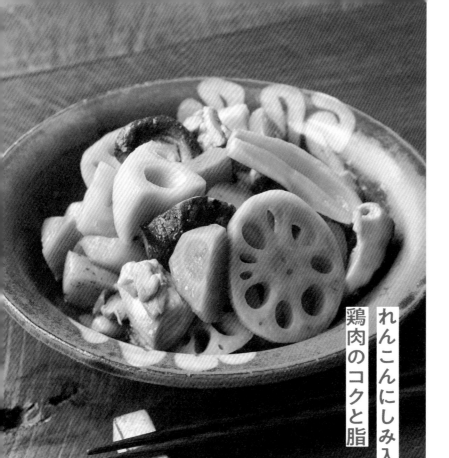

れんこんにしみ入る
鶏肉のコクと脂

材料（4人分）

れんこん（小）… 1本
にんじん … 2/3本
鶏もも肉 … 250g
こんにゃく … 1/2枚
干ししいたけ … 2～3枚
しょうゆ … 大さじ2
酒 … 大さじ2
みりん … 大さじ2
砂糖 … 大さじ2
味噌 … 大さじ1/2
ごま油 … 大さじ1

作り方

1. れんこんは皮をむいて3種類に切り分ける。1節目は縦切り、2節目は輪切り、3節目は乱切りにし、水にさらす。
2. にんじんは皮をむいて乱切りに、鶏もも肉はひと口大に切る。こんにゃくはスプーンでひと口大にちぎる。干ししいたけは水で戻し、戻し汁200㎖はとっておく。
3. 鍋にごま油をひき、中火で鶏肉を炒め、色が変わったらにんじん、こんにゃく、戻した干ししいたけ、れんこんを加え、全体に油が回るように炒める。
4. しいたけの戻し汁、しょうゆ、酒、みりん、砂糖を加え、落としぶたをして約20分煮込む。
5. 味噌を加えて全体に煮汁を絡ませる。

モチモチのおいしさと
海苔の香り

Winter | れんこん

れんこんの磯辺焼き

作業目安 10分

材料（6個）

れんこん … 150g
片栗粉 … 大さじ2
塩 … 小さじ1/4
焼き海苔（八つ切り）
… 6枚
サラダ油 … 大さじ1/2
しょうゆ … 適量

作り方

1. れんこんは皮をむいてすりおろし、水気をしっかりと切って片栗粉、塩を混ぜ合わせる。
2. ①を海苔で包み、サラダ油をひいたフライパンで色がつくまで返しながら約2分焼く。
3. 好みでしょうゆをたらす。

Aiba's EYE

れんこんは3節。それぞれ歯ごたえややわらかさが違うんだって。切り方も変えるといいらしい

Winter | ほうれん草

ほうれん草のしょうがクリーム煮

作業目安 **15**分

ほうれん草の甘みがクリームに溶けて

材料（4人分）

ほうれん草 … 2束
合いびき肉 … 250g
ぶなしめじ … 90g
バター … 10g
小麦粉 … 大さじ4
牛乳 … 400mℓ
水 … 200mℓ
塩 … 小さじ1
こしょう … 少々
おろししょうが … 15g

作り方

1. ほうれん草は茹でて冷水に取る。水気を絞り、4cmの長さに切る。ぶなしめじは石づきを取って小房に分ける。
2. フライパンにバターを溶かし、合いびき肉をパックの形のまま入れる。焼き目がつくまで中火で2分焼く。
3. 肉を返し、木べらでかたまりが残る程度に大きめに崩す。
4. ぶなしめじを入れて炒め、小麦粉を振りかけて牛乳、水、塩、こしょう、ほうれん草を加えて中火で約6分煮込む。
5. おろししょうがを入れて、ひと混ぜする。

ほうれん草とスモークサーモンのホットサンド

作業目安 15分

サーモンとほうれん草
ひと口で感じる贅沢

材料（2個分）

ほうれん草 … 1束
スモークサーモン … 6枚
クリームチーズ … 50g
食パン（8枚切り）
　… 2枚
マヨネーズ … 大さじ2
塩 … 少々
こしょう … 少々
バター … 10g

作り方

1. ほうれん草を茹で、冷水に取る。
2. 水気を絞って2cm幅に切り、マヨネーズ、塩、こしょうで味をつける。
3. 食パンの上にほうれん草を半量のせ、スモークサーモン3枚、クリームチーズ、スモークサーモン3枚、残りのほうれん草の順にのせてもう1枚のパンで挟む。
4. フライパンにバター5gを入れて弱火で溶かし、③を入れて焼き色がつくまで1分半焼く。裏返して、残りのバターを入れ、さらに1分焼く。

Winter | にんじん

にんじんキーマカレー

作業目安 15分

材料（2人分）

にんじん（大）…1本
豚ひき肉…100g
塩…ひとつまみ
カットトマト缶…100g
カレールウ…2片
オリーブオイル…大さじ1
ごはん…2膳
卵黄…2個分

作り方

1. にんじんは皮をむいて半量は粗みじん切り、半量はすりおろす。
2. フライパンにオリーブオイルをひき、豚ひき肉、塩を入れて中火で炒める。
3. 肉の色が変わったら、トマト缶と刻んだカレールウ、すりおろしたにんじんを加える。
4. 水分が飛ぶまで混ぜながら煮込んだら、粗みじん切りにしたにんじんを加えて、1分ほど炒め合わせる。
5. ごはんにかけて、中央に卵黄をのせる。

にんじんの滋味が
広がる本格派

Winter | にんじん

かんたん！松前漬

作業目安
15分

材料（作りやすい分量）

にんじん … 1本
するめ … 1枚
細切りのがごめ昆布
… 20～25g
A
酒 … 大さじ4
しょうゆ … 大さじ4
みりん … 大さじ3
水 … 大さじ3

作り方

1. にんじんは皮をむかずに、やや太めの棒状に切る。するめはキッチンバサミで細く切る。
2. 片手鍋に、Aを入れてひと煮立ちさせ、火からおろして冷ます。
3. 食品保存用袋に、にんじん、がごめ昆布と刻んだするめ、冷ました②を入れて軽く揉み、冷蔵庫で半日～1日おく。

Aiba's EYE

するめって酒のつまみだと思ってたでしょ。料理にも使えるんだよ

ネギの甘さに
ピリ辛オイルの香り

Winter ｜ ネギ

ネギ塩ダレのペペロンチーノ

作業目安 10分

材料（1人分）

ネギ … 1本
ネギ塩ダレ … 大さじ2
スパゲッティ … 100g
厚切り豚バラ肉 … 50g
鷹の爪（輪切り）… 1/2本

作り方

1 ネギの白い部分を5cmの長さに切り、縦に切り込みを入れて、芯を取りのぞく。繊維に沿って千切りにして、水にさらして白髪ネギにする。

2 ネギの青い部分は斜め薄切りにする。豚肉は1cm幅に切る。

3 沸騰したお湯に塩（分量外）を入れ、スパゲッティを表示時間通り茹でる。

4 フライパンで豚バラ肉を中火で炒める。豚バラ肉に火が通ったら、鷹の爪、ネギ塩ダレ、ネギの青い部分、茹で上がったスパゲッティを加えて炒め合わせる。

5 皿に盛り、水気を切った白髪ネギをのせる。

ネギ塩ダレ

材料（作りやすい分量）

ネギ（白い部分）… 1本分、サラダ油 … 100g、にんにく … 15g、塩 … 5g

作り方

1. ネギの外皮を1枚はがす。
2. ネギ、にんにくをみじん切りにする。
3. ボウルにネギ、にんにく、塩を入れて混ぜ5分おく。
4. サラダ油を加えて混ぜ合わせる。

Winter | ネギ

無水ネギ鍋

作業目安 **20**分

材料（3〜4人分）

ネギ … 3本
牛薄切り肉 … 12枚
酒 … 大さじ3
ごま油 … 大さじ2
小麦粉 … 適量
塩 … 少々
こしょう … 少々
白ごま … 適量
A
卵黄 … 人数分
しょうゆ … 適量

作り方

1. ネギの白い部分と青い部分を切り分け、青い部分は斜め細切りにする。
2. 牛肉をネギの長さにあわせて並べ、塩、こしょう、小麦粉を振る。
3. ネギの白い部分を牛肉にのせて巻き、土鍋の高さにあわせて切る。
4. 牛肉を巻いたネギを土鍋の中心から立てて並べ、周りにネギの青い部分を入れる。
5. ごま油と酒を回しかけ、アルミホイルなどで穴を塞いだふたをして、中火で12分ほど加熱し牛肉に火を通す。
6. 白ごまを散らす。**A**をあわせてつけダレにする。

旬を味わう　アレンジフルーツレシピ

番外編として、フルーツを使ったおやつやデザートにぴったりのレシピをご紹介します。
彩り豊かで見た目もかわいい、アレンジレシピは五感で楽しんで！

香ばしパンとメロンの甘い香り

メロンパン

作業目安 **25**分

Aiba's EYE

グミに火を通すと、とろっと感が出てクセになるおいしさ！

材料（8個分）

〈メロンピューレ〉
（出来上がり約70g）
メロン（果肉）… 200g
砂糖 … 大さじ1
レモン汁 … 小さじ1/2

〈クッキー生地〉
薄力粉 … 130g
砂糖 … 40g
無塩バター … 40g
溶き卵…1/2 個分

A〈パン生地〉
強力粉 … 220g
薄力粉 … 30g
塩 … 4g
ドライイースト … 3g
溶き卵 … 1/2 個分
メロンピューレ … 60g
水 … 80g
無塩バター … 20g

メロングミ（市販）… 8 個
グラニュー糖 … 適量

作り方

メロンピューレを作る

1. 鍋にメロンの果肉、砂糖、レモン汁を入れて中火にかける。
2. 形が崩れるまで煮詰め、ザルでこす。

クッキー生地を作る

1. 砂糖と室温に戻したバターをすり混ぜ、溶き卵を加えさらに混ぜる。
2. ①に薄力粉をふるいながら入れ、ゴムべらでさっくりと混ぜ、ひとまとめにする。
3. 棒状に丸めてラップに包み、冷蔵庫で冷やす（※冷却時間が長いほうが伸ばしやすくなる）。

パン生地を作る

1. Aをボウルに入れ、ひとまとめにする。
2. 打ち粉（分量外）をした台に出し、こねる。つやが出てなめらかになり、生地が手につかなくなったらバターを加え、さらにこねる。
3. バターがなじんでベタつかなくなったら生地を丸め、40℃で（湯せんまたはオーブンの発酵機能などで）30分ほど発酵させる（一次発酵）。

メロンパンを作る

1. 一次発酵が終わったパン生地を8等分にしてそれぞれ丸める。クッキー生地も8等分にする。
2. クッキー生地を薄く伸ばす。
3. メロングミをパン生地で包み、綴じ目を下にしてクッキー生地をかぶせる。
4. 筋目をつけてグラニュー糖をまぶし、台に並べて温かいところに30分ほど置く（二次発酵）。
5. ひと回り程度大きくなったら、180℃に予熱したオーブンで12〜15分焼く。

メロンかき氷

作業目安 5分

口の中いっぱいに
メロンの風味

材料（1個分）

メロン…1/2個

作り方

1. 半分に切って種を取ったメロンの果肉をスプーンですくい、食品保存用袋に入れて一晩凍らせる。
2. 凍らせたメロンをかき氷器で削る。
3. ②をメロンの器に盛る。

さわやかに喉をすべる
いちごの粒々

作業目安
5分

冷凍いちごシェイク

材料（2人分）

いちご … 200g
砂糖 … 大さじ2
牛乳 … 200mℓ
グラニュー糖 … 大さじ2

作り方

1. いちごに砂糖をまぶして食品保存用袋に入れ、一晩冷凍する。
2. ①の冷凍いちご、牛乳、グラニュー糖をミキサーに入れ、なめらかになるまでよく混ぜる。

濃厚な甘みを
閉じこめて

いちごバター

材料（作りやすい分量）

いちご … 100g
有塩バター … 80g
練乳 … 50g

作り方

1. いちごを細かく刻む。ボウルに細かく刻んだいちごとバターを入れ、ラップをして電子レンジで加熱する（500W 3分）。
2. 練乳を加えて混ぜ合わせる。
3. 容器に移して冷蔵庫で4時間ほど冷やし固める。

作業目安
5分

ぶどう大福

材料（4個分）

ぶどう … 4粒
こしあん … 160g
白玉粉 … 90g
砂糖 … 30g
水 … 100㎖
片栗粉（打ち粉）… 適量

作り方

1. 耐熱ボウルに白玉粉、砂糖を入れて混ぜる。水を加えてさらによく混ぜたら、ラップをして電子レンジで加熱する（600W2分）。
2. ①を取り出してぬらした木べらで練り、ラップをかけて電子レンジで加熱する（600W1分30秒）。
3. ②をさらに木べらでしっかりと練り、片栗粉を広げたバットに移し、上からも片栗粉を軽くふりかけて4等分に切り分ける。こしあんも4等分にして丸める。
4. 手のひらに生地を広げて、こしあんとぶどうをのせ、包む。

ぶどうラムネ

材料（作りやすい分量）

ぶどうピューレ…大さじ1
粉砂糖…60g
コーンスターチ…20g
重曹…小さじ1
クエン酸…小さじ1/2

〈ぶどうピューレ〉
ぶどう … 200g
グラニュー糖 … 40g

作り方

1. ぶどうピューレを作る。鍋に半分に切った皮ごとのぶどうとグラニュー糖を入れ、強火にかける。10分ほど煮込んだらザルにあけ、へら等で潰すようにこす。
2. 大きめのボウルに粉砂糖、コーンスターチを入れ、泡立て器でよく混ぜ合わせる。
3. ぶどうピューレにクエン酸を入れて溶かし、②のボウルに加え、ゴムべらで全体が均一になるよう、ダマを潰しながら混ぜる。
4. 重曹を加えてさらに混ぜたら製菓用のシリコン型に詰める。型の隅々にまでしっかりと詰め、指先で強く押し固めたらそっと取り出す。

ぶどうの香りで
リフレッシュ
作業目安
20分

スイカまるごとゼリー

材料（12個分）

大玉スイカ…1個
水…大さじ5
粉寒天…12g

作り方

1. スイカを半分に切り、果肉をくり抜いてミキサーで混ぜ、こし器で果汁をこす。皮は器にするために半分取っておく。
2. ①を鍋に入れて時々混ぜながら中火で20分、およそ2ℓになるまで煮詰める。
3. 小さめの鍋に果汁を500mℓ程度取り分け、そこへ水で溶いた粉寒天を入れ中火にかける。絶えず混ぜ、沸騰してから3分ほどたったら火を止め、残りのスイカ果汁に加えて混ぜる。
4. 氷水にあてて粗熱が取れるまで混ぜながら冷やし、くりぬいたスイカの皮に注ぎ入れ、冷蔵庫に入れて2時間以上冷やし固める。

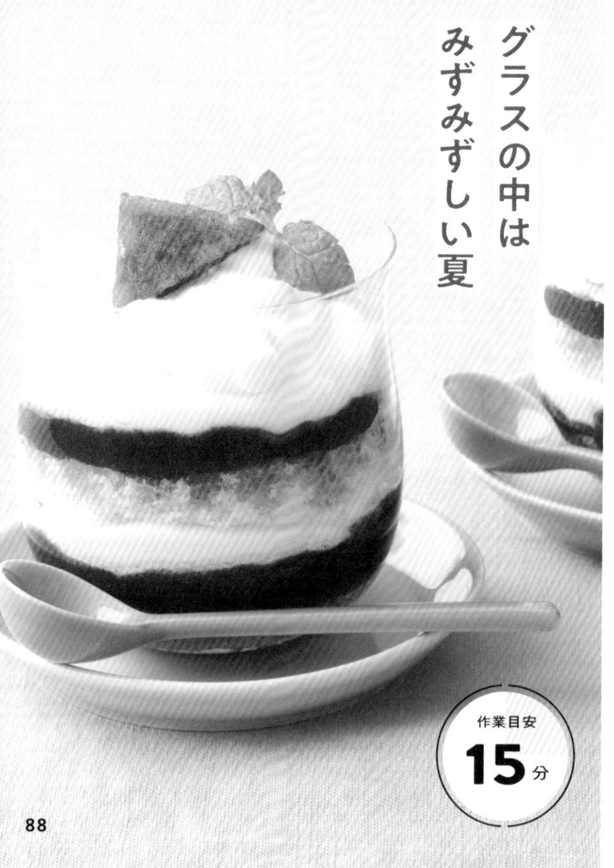

グラスの中は
みずみずしい夏
作業目安
15分

スイカティラミス

材料（220mℓのプリンカップ2個分）

スイカ…200g
レモン汁…少々
生クリーム…100mℓ
砂糖…大さじ1
マスカルポーネチーズ…100g
スポンジケーキ（スライス）…2枚

〈飾り用〉
スイカ…適量
ミント（あれば）…適量

作り方

1. スイカの果肉をハンドブレンダーなどでジュース状に混ぜ、フライパンに入れて半量になるまで中火で煮詰める。火を止めてレモン汁を加え、氷水にあてて粗熱を取ってスイカソースを作る。
2. 砂糖を加えてかために泡立てた生クリームに、マスカルポーネチーズとレモン汁を加えて混ぜる。
3. 器にスポンジケーキを敷き詰め、①のスイカソースを染み込ませ、②のクリームを適量のせる。これを2回繰り返す。
4. 飾り用のスイカを好みの大きさに切り、好みでミントを添える。

柿ようかん

材料（15㎝角の流し型1個分）

柿ジャム（市販）… 200g
白あん … 100g
粉寒天 … 2g
水 …100㎖

作り方

1. 鍋に水と粉寒天を入れ、沸騰させて寒天を煮溶かす。
2. 白あんを加えてよく混ぜたら柿ジャムを入れ、混ぜ合わせる。
3. 四角い保存容器など型に入れて粗熱を取ったら、冷蔵庫で1時間冷やし固める。

柿の甘みを
そのまま固めて
作業目安
15分

柿プリン

材料（2個分）

柿 … 160g
牛乳 … 80㎖

作り方

1. 柿の皮をむいてひと口大に切り、種を取る。
2. ミキサーに柿と牛乳を入れてなめらかになるまで混ぜ、容器に入れる。
3. ラップをして冷蔵庫で約2時間冷やし固める。

柿とクリームが
ぷるんぷるん
作業目安
5分

みかんジャム

材料（作りやすい分量）

みかん … 200g
グラニュー糖 … 180g

作り方

1. みかんの皮をむいて種があれば除き、ミキサーなどでよく混ぜる。
2. ①の果汁とグラニュー糖を鍋に入れて強火にかける。沸騰したら弱火にし、沸騰した状態を保ちながら、ゆるくとろみがつくまで約7分間煮詰める。

※みかんに合わせて好みの甘さにグラニュー糖の量を調整してください。

甘酸っぱくて
クリーミー

作業目安
10分

みかんサンド

材料（2個分）

みかん … 2個
みかんジャム … 適量
食パン（8枚切り）… 2枚
生クリーム … 100mℓ
クリームチーズ … 100g
砂糖 … 30g

作り方

1. 生クリームに砂糖を入れて、とろみがつくまで泡立てたら、常温に戻しておいたクリームチーズを加えてしっかりと角が立つまで泡立てる。
2. ラップの上に食パンをのせてクリームをたっぷりと塗り、その上に皮をむいたみかんとジャムをのせる。上からもクリームを塗って食パンで挟み、中身がずれないようにラップで包む。
3. 冷蔵庫で1時間ほど冷やし、半分に切る。

バナナケーキ

材料（直径18cmの片手鍋1台分）

バナナ … 180g
薄力粉 … 100g
ベーキングパウダー
… 小さじ1

A
卵 … 1個
牛乳 … 80mℓ
てんさい糖 …20g
サラダ油 … 大さじ2
無塩バター … 大さじ1
塩 … 少々
ドライバナナ … 30g

作り方

1. バナナは皮をむいて半量を7～8mmに切り、オーブンシートを敷いた鍋に並べる。残りはボウルに入れてフォークで潰す。
2. 潰したバナナの入ったボウルにAを入れて、泡立て器でよく混ぜる。
3. 合わせてふるった薄力粉とベーキングパウダーを入れ、ゴムべらで練らないように混ぜる。
4. バナナを敷いた鍋に③の生地を流し入れ、ふたをして弱火で20分焼く。焼けたら鍋を返して取り出し、オーブンシートをはがして冷ます。

やんわりバナナのやわらかな味わい

作業目安 10分

みたらしバナナもち

材料（1人分）

バナナ … 80g
片栗粉 … 20g
サラダ油 … 小さじ1

A〈みたらしタレ〉
砂糖 … 大さじ2
水 … 大さじ2
みりん … 大さじ1
薄口しょうゆ … 大さじ1/2
片栗粉 … 大さじ1/2

作り方

1. 皮をむいたバナナをボウルに入れてフォークで潰す。片栗粉を加え、粉っぽさがなくなるまでよく混ぜる。
2. フライパンにサラダ油をひき、1/3ずつ生地を流し入れて弱火で3分、返して2分焼く。
3. みたらしタレを作る。フライパンにAを入れ、混ぜ合わせてから中火にかける。沸騰してとろみがつき、透明感が出たら完成。
4. ②を皿に盛り、③のみたらしタレをかける。

バナナを使った和スイーツ

作業目安 10分

毎日かんたん！

相葉マナブの365日野菜レシピ

テレビ朝日「相葉マナブ」編

2023年12月24日　第1刷発行
2024年 1 月25日　第2刷発行
2024年 2 月26日　第3刷発行
2024年 3 月30日　第4刷発行
2024年 6 月17日　第5刷発行

発行人　三雲薫
編集人　中村麻由美

発売元　株式会社文化工房
〒106-0032 東京都港区六本木5-10-31
TEL.03-5770-7100
TEL.03-5770-7108（販売直通）

印刷　図書印刷株式会社

ISBN978-4-910596-18-1
定価は、カバーに記載しています。

Staff

編集／渡辺有祐（フィグインク）　久保田麻里子

制作補佐／齋藤隆平　横井孝佳　中島由香
田中由貴（共同制作社）

アートディレクション＆デザイン／
細山田光宣　柏倉美地（細山田デザイン事務所）

撮影／山田薫

写真提供／PIXTA

フードコーディネート／山崎里美　西山京子
松岡ゆり子　涌井恵美

スタイリング／桑原りさ

販売／井上美都絵

撮影協力／株式会社シェアガーデン　梅沢誠

制作協力／
テレビ朝日「相葉マナブ」制作スタッフ
花組

Special Thanks

お世話になった取材先のみなさま
番組をご視聴くださっているみなさま